INDIAANSE WIJSHEID

Het huis van dauw

Indiaanse Wijsheid

samengebracht door
Joseph Bruchac

MIRANANDA

Tweede druk, maart 2000

Postbus 85749, 2508 CK Den Haag; E-mail: info@mirananda.nl
Internet: www.mirandanda.nl

Geautoriseerde vertaling van: "Native Wisdom"-Harper, San Fransisco
Vertaling: I. van Wilsum-Huisjes
Ontwerp omslag en lay-out binnenwerk: Dick Aarsen
Druk: Drukkerij Haasbeek, Alphen aan den Rijn
Bindwerk: Boekbinderij Van Wijk Utrecht B. V.
Verspreiding voor Belgë: Denis & Co bvba, Mortsel

ISBN 90 6271 558 3
NUGI 613

INHOUD

	pagina
Inleiding	7
Vele wegen leiden naar het hart van het land:	10
Het Oosten	15
Het Zuiden	29
Het Westen	37
Het Noorden	47
De hemel boven	55
De aarde beneden	63
De heilige plaats binnenin	69
De cirkel	81
Noten	92

Aan mijn leermeesters Wzawmi Ogahkimaw

Je kijkt naar mij en ziet slechts een lelijke oude man, maar van binnen ben ik vervuld van grote schoonheid. Ik zit als op de top van een berg en kijk in de toekomst. Ik zie mijn volk en jouw volk tezamen leven. De tijd zal komen dat mijn volk zijn vroegere leefwijze zal zijn vergeten, tenzij het die leert uit de boeken van blanke mannen. Je moet daarom opschrijven wat ik je vertel en er een boek van laten maken, opdat toekomstige generaties deze waarheid zullen kennen.

Sandoval, Hastin Tlo'tsi Hee/
Old Man Buffalo Grass (Navajo), 1928[1]

Ik weet dus dat het iets goeds is wat ik ga doen; en omdat een mens alleen nooit iets goeds kan doen zal ik vooraf een offer brengen en een stem laten horen aan de geest der wereld, dat hij mij helpt om waarachtig te zijn. Zie, ik vul deze heilige pijp met de bast van de rode wilg, maar vóór wij hem roken wil ik je laten zien hoe hij is gemaakt en wat de betekenis daarvan is. Deze vier linten die daar aan de steel hangen zijn de vier hoeken der aarde. Het zwarte lint vertegenwoordigt het Westen, waar de donderwezens verblijven om ons regen te zenden; het witte vertegenwoordigt het Noorden, vanwaar de grote, witte, alles reinigende wind komt; het rode is het Oosten, de bron waaraan het licht ontspringt en waar de morgenster woont om de mensheid wijsheid te schenken; het gele lint staat voor het Zuiden, waar de zomer en de kracht om te groeien hun oorsprong vinden.

Black Elk (Zwarte Eland)
(Oglala Lakota), 1931[2]

Ik kan je zonder meer zeggen:
er zijn geen geheimen.
Er is geen mysterie.
Er is alleen gezond verstand.

Oren Lyons
Handhaver van het geloof van de Turtle Clan
(Onondaga), 1990[3]

Hoe meer je weet,
hoe groter je vertrouwen
en hoe kleiner je vrees zal zijn.

Medewiwin gebed (Ojibway)

Vele wegen leiden naar het hart van het land: een inleiding

Hoewel deze verzameling uitspraken enkele van de belangrijkste woorden van wijsheid vertegenwoordigt die de oorspronkelijke volkeren van Noord-Amerika ons te bieden hebben, dient dit boek te worden gezien als niet meer dan het is - een deel van een veel groter geheel. Het wordt omgeven door een veel wijdere cirkel, de natuurlijke leefwereld en de woorden van de ouderen, en hoewel deze wereld op zijn grondvesten schudt door de onverschilligheid van de moderne wereld, blijft zij ongebroken voortbestaan.

Om een dergelijke verzameling wijze uitspraken samen te stellen zou men één van de vele in Amerika levende Indiaanse volkeren hebben kunnen kiezen. Ik heb de voorkeur gegeven aan een bloemlezing van uitspraken van verschillende volkeren, om een indruk te geven van de diversiteit en de gangbare thema's in de wijsheid van de oorspronkelijke bewoners van Amerika, een wijsheid waaraan naar mijn stellige overtuiging grote behoefte bestaat bij de hedendaagse mens.

Bedenk ook dat wijze woorden meer dan één betekenis en toepassingsmogelijkheid kunnen hebben. Black Elk, een van de beroemdste Indiaanse geestelijke leiders, vertelt in zijn biografie *Black Elk Speaks* dat hem als Lakota ook het overleven van zijn eigen volk voor ogen stond. Hoewel ik uitspraken heb gekozen met een op het eerste gezicht duidelijke en begrijpelijke betekenis, dient de lezer zich dus te realiseren dat veel van deze citaten hun oorsprong vinden in een taal waarin allerlei onder- en boventonen kunnen meeklinken. Zelfs in de vertaling kunnen er bijbetekenissen zijn die alleen te begrijpen zijn voor hen die over de nodige kennis beschikken. Het is bekend dat heilige boeken als de Bijbel, de Koran en de Uphanishads vele niveaus van betekenis kennen, maar men vergeet vaak dat de wijsheid van de Amerikaanse Indianen dezelfde diepte bevat als andere spirituele leringen.

De kosmische wereld van de oorspronkelijke bewoners van Noord-Amerika was - en is voor een groot deel nog steeds - een wereld die spiritueel gevormd is en geschouwd wordt. Onder de honderden verschillende Indiaanse volksstammen bevonden zich altijd vrouwen en mannen die hun roeping volgden als genezers, priesters, medicijnmannen en -vrouwen, artsen en sjamanen - specialisten in het rijk van het heilige. Toch waren er daarnaast ook altijd mensen die begrepen dat dit geestelijke rijk rechtstreeks toegankelijk is voor ieder mens, en dat men geen tussenpersoon nodig heeft om te bidden of wijsheid te verwerven.

Bovendien blijft de aanwezigheid van de scheppende geest, een niet te beschrijven, ontzagwekkende kracht, die de Iroquezen Orenda noemen en de Lakota Wakan, niet beperkt tot bepaalde heilige plaatsen of gebouwen en rituele objecten die deze geest symboliseren. Het 'Grote Mysterie', Ktsinwaskw voor de Abenaki's, is ook in en van alle dingen. Zoals Black Elk zegt: 'Het middelpunt van de wereld is overal'. Alles is heilig.

Een van mijn favoriete verhalen - ik hoorde het van Kevin Locke, een hedendaagse verhalenverteller bij de Lakota's - is het verhaal van de zevende richting. Nadat Wakan Tanga, de Grote Geest, de andere zes richtingen hun plaats had gegeven - Noord, Zuid, Oost, West, boven en beneden - bleef er nog één richting over. Aangezien die zevende richting de belangrijkste van allemaal was en de grootste wijsheid en kracht vertegenwoordigde, wilde Wakan tanka, de Grote Geest, hem een plaats geven waar hij niet gemakkelijk te vinden zou zijn. Daarom verborg hij de zevende richting tenslotte op de laatste plaats waar mensen gewoonlijk kijken - in het hart van ieder mens. Een persoonlijke relatie met de Schepper, de Grote Geest, is in de Indiaanse cultuur niet iets dat men tot stand moet brengen. Het is iets dat men zich moet herinneren.

Het is belangrijk dat we inzien dat er vele verschillende manieren zijn om de wereld te zien en de wijsheid van de geloofsovertuigingen onder de meer dan vierhonderd oorspronkelijke volkeren van Noord-Amerika in woorden uit te drukken. Geen enkel volk spreekt voor alle volkeren tezamen, hoewel zij bepaalde inzichten gemeen hebben, zoals de overtuiging dat gezondheid (lichamelijk en geestelijk) de natuurlijke toestand van de mens is en te maken heeft met een evenwichtig leven en gedrag.

Vele wegen leiden naar het hart. Dit boek is als een wegenkaart, die je helpt je bestemming te zien, al is het maar van een afstand. Als je weet hoe je de kaart moet lezen kun je de wegen volgen naar het land dat je zoekt.

OPMERKING: Een van de beroemdste voorbeelden van Indiaanse wijsheid, de toespraak van Chief Seathl, wordt in dit boek niet in zijn geheel weergegeven, maar is slechts vertegenwoordigd door een betrekkelijk kort citaat uit de oorspronkelijke, gepubliceerde tekst. Wat Seathl in december 1854 of daaromtrent te zeggen had werd waarschijnlijk uitgesproken in de taal van de Lutshootseed, vertaald in het zeer beperkte handelsjargon van de Chinooks en vervolgens opnieuw vertaald in het Engels. Dr. Henry Smith maakte aantekeningen van die Engelse vertaling om zijn eigen versie van de toespraak te schrijven, en hij deed dit in een zeer bloemrijke Victoriaanse stijl waarin evenveel van Smith als van Seathl terug te vinden is. Om Smith recht te doen moet worden gezegd dat hij Seathl naderhand vele malen heeft bezocht, in een poging zijn weergave van de toespraak in overeenstemming te brengen met hetgeen Seathl voor ogen stond. Enkele van de beroemdste fragmenten van wat wordt geacht de toespraak van Seathl te zijn werden echter in de twintigste eeuw door niet-Indiaanse tekstschrijvers toegevoegd. Momenteel zijn oudere, vooraanstaande leden van de Suquamish en de Duwamish bezig hun eigen versie samen te stellen van de redevoering die Seathl volgens hun tradities werkelijk hield.

HOOFDSTUK EEN

HET OOSTEN

Het begin van de levensreis, de nieuwe dag, ligt in het Oosten. Het is de plaats waar op dit continent de eerste contacten werden gelegd tussen de Europese wereld en de oorspronkelijke bevolking van Noord-Amerika, en het is de plaats van ieder begin, van het eerste licht - en van de mogelijkheid om opnieuw te beginnen.

In deze tijd zoeken de mensen kennis in plaats van wijsheid. Kennis behoort tot het verleden, wijsheid tot de toekomst.

Vernon Cooper (Lumbee), 1990[4]

Dit lied maakt deel uit van een genezingsritueel waarbij men zandschilderingen maakt, zingt en een groot aantal mensen verzamelt die hun bijdrage leveren aan de genezing van een zieke. De Navajo's beschouwen gezondheid als de natuurlijke toestand en ziekte als een verstoring van het evenwicht. Daarom herstelt dit ritueel het evenwicht bij degene die ziek is. Het Navajo-woord *hozhoni*, hier vertaald met 'schoonheid' of 'gelukkig', betekent zowel schoonheid en harmonie als vrede en geluk.

Het huis dat gemaakt is van dauw, uit Het Lied van de Nacht

In Tsegihi,
in het huis dat gemaakt is van dauw,
in het huis dat gemaakt is van avondschemering,
in het huis dat gemaakt is van donkere wolk,
in het huis dat gemaakt is van mannelijke regen,
in het huis dat gemaakt is van donkere nevel,
in het huis dat gemaakt is van vrouwelijke regen,
in het huis dat gemaakt is van stuifmeel,
in het huis dat gemaakt is van sprinkhanen,
waar de donkere nevel het gordijn is dat voor de deur-
opening hangt,
waar de regenboog het pad is dat erheen voert,
waar de heen en weer flitsende bliksem op het dak staat,
waar de hij-regen het dak bekroont,
O, mannelijke godheid!
Kom tot ons met je mocassins van donkere wolk.
Kom tot ons met je beenbekleedsels van donkere wolk.
Kom tot ons met je kleed van donkere wolk.
Kom tot ons
met je hoofdtooi van donkere wolk.
Kom tot ons
met je geest gewikkeld in donkere wolk.
Kom op vleugels tot ons
met de duisternis van de donder boven je hoofd
Kom op vleugels tot ons
met de tot vorm geworden wolk aan je voeten.

Kom op vleugels tot ons
met de verre schaduw van de donkere wolk
boven je hoofd.
Kom op vleugels tot ons
met de verre schaduw van de mannelijke regen
boven je hoofd.
Kom op vleugels tot ons
met de verre schaduw van de vrouwelijke regen
boven je hoofd.
Kom op vleugels tot ons
met de omhoogschietende zig-zag bliksem
boven je hoofd.
Kom op vleugels tot ons
met de regenboog hoog
boven je hoofd.
Kom tot ons
met de verre schaduw van de donkere wolk
aan de toppen van je vleugels.
Kom tot ons
met de duisternis die over de aarde ligt.
Ik heb je offer toebereid,
rook voor je gemaakt.
Verkwik mijn voeten.
Verkwik mijn ledematen.
Verkwik mijn lichaam.
Verkwik mijn geest.
Verkwik mijn stem.
Neem vandaag je betovering uit mij weg.
Neem vandaag je betovering van mij weg.
Je hebt hem van mij afgenomen.
Ver van mij geweken is hij.
Ver van mij vandaan heb je hem gelegd.
Blij en gelukkig kom ik op krachten.

Blij en gelukkig vindt mijn innerlijk verkoeling.
Blij en gelukkig hervinden mijn ledematen hun kracht.
Blij en gelukkig vindt mijn hoofd verkoeling.
Blij en gelukkig hoor ik weer.
Blij en gelukkig loop ik weer.
Ontoegankelijk voor pijn ga ik mijn weg.
Met een licht gevoel van binnen ga ik mijn weg.
Opgewekt en levendig ga ik mijn weg....

Blij en gelukkig zullen de oude mannen naar je kijken.
Blij en gelukkig zullen de oude vrouwen naar je kijken.
Blij en gelukkig zullen de jonge mannen naar je kijken.
Blij en gelukkig zullen de jonge vrouwen naar je kijken.
Blij en gelukkig zullen de jongens naar je kijken.
Blij en gelukkig zullen de meisjes naar je kijken.
Blij en gelukkig zullen de opperhoofden naar je kijken.
Blij en gelukkig zullen ze naar je kijken, als ze zich in verschillende richtingen verspreiden.
Blij en gelukkig zullen ze naar je kijken als ze hun huis naderen.
Moge hun weg naar huis langs het met stuifmeel bezaaide pad blij en gelukkig zijn.
Mogen zij allen blij en gelukkig huiswaarts keren.
Temidden van schoonheid ga ik mijn weg.
Ik heb schoonheid voor mij terwijl ik loop.
Ik heb schoonheid achter mij terwijl ik loop.
Ik heb schoonheid onder mij terwijl ik loop.
Ik heb schoonheid boven mij terwijl ik loop.
Ik heb schoonheid overal om mij heen terwijl ik loop.
Het is geëindigd in schoonheid.
Het is geëindigd in schoonheid.

Traditioneel (Navajo), vertaald in het Engels in 1897[5]

Vanaf het begin waren er trommels, die het ritme van de wereld sloegen - het donderende, nooit aflatende gebulder van de golfslag op de kust; de onmerkbaar uit elkaar voortvloeiende jaargetijden; de tijd waarin de vogels komen, de tijd waarin zij wegtrekken, de beer die zich klaarmaakt voor zijn winterslaap. Een niet te bevatten waarom, doch alles op de juiste tijd.

Let op de hartslag in je pols, een perfecte golfslag van de levensstroom; zodra er iets mis is met het ritme ben je ziek.

Jimalee Burton (Cherokee), 1974[6]

Dat we geboren worden als mensen op deze aarde is een zeer heilige opdracht. We hebben een heilige, verantwoordelijke taak vanwege de bijzondere gave die we bezitten en die de eigenschappen van het plantenrijk, de vissen, de bossen, de vogels en alle andere levende wezens op aarde te boven gaat. We zijn in staat voor hen te zorgen.

Audrey Shenandoah (Onondaga), 1987[7]

Onze vaders gaven ons vele wetten, die zij van hun vaders geleerd hadden. Die wetten waren goed. Ze leerden ons dat we alle mensen moesten behandelen zoals ze ons behandelden, dat we nooit als eersten een overeenkomst moesten verbreken, dat het een schande was om een leugen te vertellen, dat alles wat we zeiden waar moest zijn...

Chief Joseph (Nez Perce), 1879[8]

Alles wat leven baart is vrouwelijk. Als mannen de kosmische samenhangen beginnen te begrijpen die vrouwen altijd hebben gekend, zal de wereld ten goede veranderen.

Lorraine Canoe (Mohawk), 1993[9]

Waarom willen jullie ons met geweld afnemen wat jullie door liefde kunnen verwerven? Waarom willen jullie ons vernietigen, die jullie voorzien van voedsel? Wat kunnen jullie met oorlog winnen? Wij zijn ongewapend en bereid jullie te geven wat je vraagt, als je ons vriendelijk benadert....

Ik ben niet zo naïef dat ik niet weet dat het beter is goed vlees te eten, comfortabel te slapen, rustig te leven met mijn vrouwen en kinderen, samen met de Engelsen te lachen en plezier te hebben en hun vriend te zijn, handel te drijven om in het bezit te komen van hun koper en bijlen, dan voor hen op de vlucht te zijn....

Neem je geweren en zwaarden weg, de oorzaak van al onze jaloezie, of jullie zullen wellicht op dezelfde manier sterven.

Wahunsonacock [Powhatan]
(Powhatan Federatie), 1609[10]

Woorden in de 17e eeuw gesproken tot Baron de Lahontan, Gouverneur-Generaal van de Franse kolonie in Pladenta in New Foundland

In ernst, mijn dierbare broeder, ik ben tot in het diepst van mijn ziel met je begaan. Neem mijn raad aan en word Huron, want ik zie duidelijk een groot verschil tussen jouw situatie en de mijne. Ik ben meester van mijn situatie en de mijnen. Ik heb de volledige beschikking over mijzelf, ik doe wat ik wil, ik ben de eerste en de laatste van mijn volk, ik vrees niemand en ben slechts afhankelijk van de Grote Geest. Jouw lichaam daarentegen en jouw ziel zijn gedoemd afhankelijk te zijn van je grote leider; je onderkoning beschikt over je, je hebt niet de vrijheid om te doen wat je in gedachten hebt, je bent bang voor dieven, valse getuigenissen en moordenaars, en je bent afhankelijk van een onafzienbare rij mensen wier positie hen boven je geplaatst heeft. Is dat waar of niet?

Kondiaronk (Huron), omstreeks 1690[11]

Uitspraak van een Micmac opperhoofd in Nova Scotia, 1676

Het is waar dat wij niet altijd hebben kunnen beschikken over het brood en de wijn die jullie land produceert, maar leefden de Micmacs vóór de komst van de Fransen eigenlijk niet veel langer dan nu? Als er onder ons niemand meer over is van die oude mannen van honderddertig à honderdveertig jaar, dan is dat alleen maar omdat we stukje bij beetje jullie leefwijze overnemen. Want de ervaring leert ons heel duidelijk dat diegenen onder ons het langst leven die jullie brood, wijn en cognac versmaden en tevreden zijn met hun natuurlijke voedsel, bestaande uit bever- en elandvlees, watervogels en vissen, overeenkomstig de traditie van onze voorvaderen en van het hele Micmacvolk. Leer van mij, broeder, eens en voor altijd, omdat ik mijn hart voor je moet openen: er is geen Indiaan die zichzelf niet beschouwt als oneindig veel gelukkiger en sterker dan de Fransen.

Anoniem (Micmac), 1676[12]

Ik zie een andere zon
want Mu'ndu is
oneindig goed.

Ik ken Mu'ndu.

Mensen kunnen maar weinig.
Zij denken dat zij veel weten.

Alle dingen vertellen
dat Mu'ndu hen heeft gemaakt.

Ik kan mijzelf niet maken
zeggen zij.
Niet één boom
kan door mensen worden gemaakt.

Ni ya'yo
dat is zo.

Fidelia Fielding/ Flying Bird
(Mohegan). Begin van dagboeknotitie van 9 juni 1904[13]

Fragmenten uit De Wet van de Grote Vrede

De vijf Iroquoisstammen stelden omstreeks 1390 een verdrag op, dat wordt beschouwd als de oudste nog bestaande grondwet ter wereld. Bij het tot stand komen van het verbond tussen de vijf volkeren, die voorheen ondanks hun onderlinge verwantschap op voet van oorlog met elkaar leefden, plantten de Iroquois een symbolische vredesboom. Tot de hedendaagse symbolen van de Verenigde Naties, die ontleend zijn aan die van de vredesboom en het verbond tussen de Iroquoisvolken, behoort het beeld van de adelaar met een bundel pijlen in zijn klauw, dat achter op de kwartdollar-munt is afgebeeld. De hieronder volgende fragmenten zijn ontleend aan de door de hedendaagse Iroquois League of Six Nations geautoriseerde versie van De Wet van de Grote Vrede.

2

Aan de Boom van de Grote Vrede zijn wortels ontsproten, één naar het noorden, één naar het oosten, één naar het zuiden en één naar het westen. Dat zijn de Grote Blanke Wortels en hun wezen is vrede en kracht.

Als er onder de vijf volkeren een man of een volk zich onderwerpt aan de wetten van de Grote Vrede (Kaianerekowa) en dit bekend maakt aan de leiders van het Verbond, kunnen zij de weg teruggaan van de wortels naar de Boom. Als hun geest zuiver is en als zij gehoorzaam zijn en beloven zich te onderwerpen aan de wensen van de Raad van het Verbond, zullen zij worden uitgenodigd om beschutting te zoeken onder de Grote Altijd Groene Boom. In de top van de Boom van Grote Vrede zetten wij een adelaar, die in staat is in de verte te zien. Indien hij daar enig gevaar ziet opdoemen, zal hij het volk van het Verbond dadelijk waarschuwen.

24

De leiders van het Verbond tussen de Vijf volkeren zullen te allen tijde de beschermheren van het volk zijn. De dikte van hun huid zal zeven spanwijdten zijn (tsiataniiorionkarake), hetgeen inhoudt dat zij bestand zullen zijn tegen boosheid, aanvallen en kritiek. Hun hart zal vervuld zijn van vrede en goede wil en hun geest van bekommernis om het welzijn van het volk van het Verbond. Met eindeloos geduld zullen zij hun taak vervullen. Hun vastberadenheid zal worden getemperd door mensIievendheid jegens het volk. In hun geest zal geen boosheid of wraakzucht heersen en hun daden zullen worden gekenmerkt door rustige bedachtzaamheid.

57

Vijf pijlen zullen zeer stevig worden samengesnoerd; zij zullen elk één volk vertegenwoordigen. Hun hechte verbondenheid zal de volledige eenwording tussen de volkeren symboliseren. Aldus zullen de Vijf Volkeren volledig verenigd en samengevoegd zijn, zodat zij één hoofd, één lichaam en één geest zijn. Zij zullen gezamenlijk arbeiden, wetten uitvaardigen en beraadslagen met het oog op de belangen van toekomstige generaties.

Traditioneel (Iroquois), omstreeks 1390[14]

HOOFDSTUK TWEE

HET ZUIDEN

Het zuiden bewaart de warmte van de zomer. Het is een tijd van onschuld, ontwikkeling en groei.

Uit de Zuni ceremonie die op de achtste dag na de geboorte van een kind wordt gevierd

Dit is de dag.
Kind van ons,
in het daglicht
zul je treden,
je op je dagen
voorbereiden.
Toen al je dagen
ten einde waren,
en er acht dagen
waren verstreken
deed onze zonnevader
zijn intrede
en nam plaats
op zijn heilige zetel.
En toen onze nachtvaders
naar buiten waren gekomen
om te gaan staan
op hun heilige plaats
waar zij verbleven
voor een gezegende nacht
kwamen wij
voor de dag.

En vandaag
zijn onze vaderen,
priesters van de dageraad,
naar buiten gekomen
om te gaan staan
op hun heilige plaats.
Onze zonnevader
is naar buiten gekomen
om te gaan staan
op zijn heilige plaats.
Kind van ons,
dit is je dag.
Op deze dag
brengen wij
onze zonnevader
als offermaal
als gebed
het vlees van het blanke graan.

Moge je weg
worden vervuld
moge hij reiken tot de weg
van je zonnevader.
Mogen wij
als je weg vervuld is
in je gedachten
degenen zijn
die je gedachten omhelzen.
Tot dit doel offeren wij
onze zonnevader
op deze dag
deze maaltijd
als gebed.
Moge het je gegeven zijn
ons allen te helpen
om onze weg te volbrengen.

Traditioneel (Zuni), vertaald in 1939[15]

De aarde hoort je,
de lucht en de beboste berg zien je.
Als je dit gelooft
zul je oud worden.

Anoniem (Luiseno)[16]

Al die tijd vroeg ik hun (grootmoeder en grootvader) of iemand anders nooit 'Waarom?'. Dat zou hebben betekend dat ik niets leerde - dat ik dom was. En in de westerse wereld vinden ze je dom als je niet vraagt waarom. Aangezien ik dus geleerd heb niet te vragen waarom, maar te luisteren, te leren inzien, ben ik er zeker van dat mensen iets weten van zichzelf en van mij - dat is religie. En als we onszelf kennen kunnen we bijeenbrengen wat we voelen en deze kennis delen.

Soge Track (Taos Pueblo), 1976[17]

De training begon bij de kinderen, die leerden stil te zitten en dat prettig te vinden. Ze leerden hun reukorgaan te gebruiken, te kijken als er schijnbaar niets te zien was, aandachtig te luisteren als alles ogenschijnlijk rustig was. Een kind dat niet in staat is stil te zitten is een half-ontwikkeld kind.

Chief Luther Standing Bear (Lakota), 1936[18]

Je stelt geen vragen als je bezig bent volwassen te worden. Je kijkt en luistert en wacht, en het antwoord zal naar je toekomen.

Lady Bird (Laguna Pueblo)[19]

Praat langzaam en vriendelijk tegen kinderen.
Straf hen nooit onrechtvaardig.

Als een kind niet gehoorzaamt
laat dan de moeder zeggen:
'Kom mee naar het water
en ik zal je onderdompelen'.
En als het kind
nog steeds niet gehoorzaamt
laat haar dan deze woorden herhalen.
Als dit nog geen gehoorzaamheid bewerkstelligt
moet het kind worden ondergedompeld
in het water.

Maar als het kind vraagt
om genade
moet het genade krijgen.
Zo spraken zij en sprak hij.
Zo gebeurde het.
Eniaehuk.

Handsome Lake (Seneca),
omstreeks 1800[20]

De raad van een moeder

Leef kalm en rustig en wees vriendelijk tegen iedereen, met name de ouderen; luister naar hun raad. Men zal je respecteren als je dat doet en je vriendelijk behandelen. Loop niet achter een jongen aan. Als er een jonge man is die met je wil trouwen, laat hem dan hier naartoe komen om je op te zoeken en om met je te leven. Dat is de reden waarom ik je steeds weer aanspoor ijverig te zijn en je vertel hoe je leven moet; dan zul je als je een eigen huis hebt ijverig zijn en de mensen om je heen op de juiste manier tegemoettreden.

Nodinens (Chippewa), 1929[21]

Kinderen, breng bij het voortgaan op je levensweg niemand schade toe, en berokken niemand verdriet. Integendeel, als je ooit in de gelegenheid bent iemand gelukkig te maken, doe dat dan.

Anoniem (Winnebago), omstreeks 1923[22]

Mijn mensen waren wijs. Zij verzuimden nooit aandacht te besteden aan de jongeren of de dingen die vooraanstaande mannen van de stam deden voor zich te houden. Onze leermeesters waren bereidwillig en grondig. Het waren onze grootvaders, vaders of ooms. Zij stonden altijd klaar om een uitzonderlijke prestatie te prijzen, zonder daarbij iets te zeggen dat de geest zou breken van een jongen die minder begaafd was dan anderen. De jongen die bij een les achterbleef kreeg alleen maar meer lessen, meer aandacht, totdat hij zover was als hij kon komen.

Plenty - Coups (Crow), 1928 [23]

Wij leven zo, dat wij in onze regering bij ieder besluit dat we nemen de zevende toekomstige generatie in gedachten houden. Het is onze taak erop toe te zien dat de mensen die nog moeten komen, de nog ongeboren generaties, een wereld in bezit nemen die niet slechter is dan de onze, en hopelijk beter. Als we over Moeder Aarde lopen zetten we onze voeten altijd voorzichtig neer, omdat we weten dat de gezichten van onze toekomstige generaties van onder de grond naar ons opkijken. We vergeten hen nooit.

Oren Lyons (Onondaga), 1990[24]

In elk menselijk hart schuilt een diep, spiritueel verlangen naar een duurzaam en standvastig geloof, een positief, voldoening schenkend geloof in een toekomstig bestaan. Een dergelijk geloof stabiliseert het karakter en veel van onze jonge mensen missen een dergelijk anker voor hun ziel.

Thomas Wildcat Alford (Shawnee), 1930[25]

HOOFDSTUK DRIE

HET WESTEN

Het Westen herinnert ons met zijn naderende zonsondergang aan de wijsheid van de gevorderde leeftijd. Het is de tijd van het ouderschap, verantwoordelijkheid en gezond verstand - de tijd om te onderrichten, terug te blikken en dank te betuigen.

Wij zijn de oorspronkelijke bewoners van het westelijk halfrond, die dit deel van de wereld gedurende vele duizenden jaren hebben bevolkt. Niemand heeft ooit de tijd en de datum vastgesteld van het moment dat we ons hier vestigden. Volgens onze overleveringen dateert onze geschiedenis van het begin der tijden.

Aan het begin der tijden, ten tijde van de schepping dus, kwam ons volk hierheen. Wij hadden geen leraren, geen instructeurs, geen scholen. We moesten naar de achter ons liggende schepping kijken. We moesten de natuur bestuderen en haar nadoen. Onze hele beschaving was gebaseerd op het bestuderen van de natuur. Zij onderrichtte ons aan het begin der tijden. Onze religie werd in die periode gevormd. Tot onze leefwijze kwamen we door dat soort studie.

Ook onze regeringen oganiseerden wij op grond van de studie van de natuur. We leefden onder een onveranderlijke regering, die ons door onze voorvaderen was overgeleverd. De wetten die we naleefden bleven lang onveranderd. Pas in 1492 begon deze wetgeving van ons voorgeslacht te veranderen.

We leefden onder een regering die duizenden jaren oud is. Die wetten waren uitvoerbaar voor ons. We leefden voorschriften na die we begrepen. Momenteel zijn over het hele land geschiedkundigen, antropologen, bezig met opgravingen om de geschiedenis van het westelijk halfrond te achterhalen. Maar zij hebben geen politiecellen gevonden. Ze hebben geen gevangenissen gevonden. Ze hebben geen psychiatrische inrichtingen gevonden. Hoe konden verschillende volkeren, die zoveel verschillende talen spraken, het stellen zonder deze instituten?

Toen kwam de tijd waarin die regering met die wetgeving tot staan werd gebracht. Vóór 1492 leefden we, en dat leven was waardevol voor ons.

De religie die we toen hadden werd begrepen door alle oorspronkelijke bewoners van het westelijk halfrond. En toen kwam de tijd dat ons werd verteld dat die religie niet de juiste is. Daarom is zij tot de dag van vandaag niet door de wereld erkend. We werden gedwongen de erkende religie te accepteren. Velen van ons volk werden gekerstend en lieten de oude religie van hun vaderen los.

We kijken nog steeds naar de natuur en letten op de manier waarop zij haar kleintjes grootbrengt. We zien hoe de eenden, we zien hoe de ganzen nog steeds leven onder dat duizenden jaren oude bestel. De dieren blijven gehoorzamen aan de leiding die hun werd gegeven toen de tijd begon. Alle levende wezens kregen aan het begin der tijden oorspronkelijke leefregels mee op hun weg.

De hele schepping volgt deze leefregels nog steeds op. De vruchtbomen falen nooit. Zij laten nooit na hun vruchten in het daarvoor geëigende seizoen voort te brengen. Ook de dieren maken nooit een fout. Ze leven nog steeds zoals zij werden geschapen. Wat zijn de leefregels van de mens als deel van de schepping? Wij zien de schepping... leven, de kringloop, een figuur zonder begin en zonder einde.

Philip Deere (Muskogee-Creek), 1977[26]

Het zal de taak van de Indiaanse vrouwen worden om andere vrouwen te leren wat hun rol is. Vrouwen hebben tot taak het leven een andere richting te geven, want als zij dat niet doen wordt al het toekomstige leven bedreigd en in gevaar gebracht. Het maakt mij niet uit wat voor soort vrouwen zij zijn, zij zullen zich meer zorgen moeten maken om de veranderingen die op deze Moeder Aarde plaatsvinden en die ons allemaal aangaan.

Yet Si Blue/ Janet McCloud (Tulalip), 1993[27]

Je kunt vier kanten uitgaan als je ergens heengaat. De eerste is dat je meteen bij de eerste ingeving vertrekt. Dat is niet goed. Denk erover na. Dat wordt dan de tweede mogelijkheid.

Denk er nog een derde keer over na, maar ga nog niet. Als je de zaak nog een vierde keer hebt overwogen, ga dan en alles zal in orde zijn. Zo zul je veilig zijn. Laat af en toe een dag voorbijgaan terwijl je nadenkt over je problemen.

Diablo (White Mountain Apache), 1943[28]

Gebed van een vrouw terwijl zij wortels van een jonge cederboom verzamelt

Kijk naar mij vriend!
Ik ben gekomen
om je te vragen
om je kleed,
want jij bent hier verschenen
om ons te helpen;
want er is niets
waarvoor jij niet
te gebruiken bent,
omdat het jouw lot is
dat er niets is
wat niet nuttig voor ons is,
en je van harte bereid bent
om ons je kleed te geven.
Ik kom je erom vragen,
jij, die ons lang doet leven,
want ik ga van jou maken
een mand voor leliewortels.

Traditioneel (Kwakiutl), 1921[29]

Je opent je mond nooit om te spreken zonder eerst te wijzen op je nederige positie. 'Ik ben een onwetend mens, ik ben een arm mens' - elk spreken begint daarmee - 'ik weet lang niet zoveel als jullie die hier zo bijeen zitten, maar ik zou jullie graag in alle nederigheid mijn mening willen voorleggen', en daarna praat hij je omver met zijn logica en wijsheid.

Allen C. Quetone (Kiowa), 1974[30]

De Indiaan heeft meer gezond verstand dan de blanke man. De uitdager beschikt misschien over wat fysieke moed, maar hij mist de morele moed van de Indiaan, die, als hij werd uitgedaagd, antwoordde: 'Ik heb twee bezwaren tegen dit tweegevecht; het ene is dat ik jou misschien verwond, en het andere is dat jij mij misschien letsel toebrengt. Ik zie niet wat ik ermee win als ik jou een kogel door je lijf schiet - ik zou niets aan je hebben als je dood zou zijn, zoals aan een konijn of kalkoen. Wat mezelf betreft denk ik dat het wijzer is om risico's uit de weg te gaan dan me eraan bloot te stellen; ik ben bang dat je me zou kunnen raken. Daarom acht ik het raadzaam om afstand te bewaren. Als je je pistolen wilt uitproberen, kies dan een doelwit, een boom of iets anders van mijn postuur, en als je dat raakt, laat me dat dan weten; dan zal ik erkennen dat als ík daar gestaan had jij mij zou hebben geraakt'.

Chief Kahkewaquonaby / Peter Jones (Ojibway), 1861[31]

God schiep dit land van de Indianen en het was alsof Hij een grote deken uitspreidde en de Indianen erop zette. Zij werden hier in dit land geschapen, eerlijk en waarachtig, en in die tijd begon deze rivier te stromen. Toen liet God vissen in deze rivier verschijnen en herten in deze bergen, en vaardigde wetten uit waardoor de vissen en de wilde dieren zich gingen vermenigvuldigen. Toen schonk de Schepper ons het leven; wij ontwaakten en zodra wij het wild en de vissen zagen wisten we dat die voor ons waren gemaakt. Voor de vrouwen maakte God wortels en bessen om ze te verzamelen, en de Indianen groeiden en vermenigvuldigden zich als volk. Toen wij geschapen werden kregen wij onze grond om daarop te leven, en vanaf die tijd waren dat onze rechten. Dit alles is waar. De vissen waren ons bezit voordat de zendelingen kwamen, voordat de blanke man kwam. We werden hier geplaatst door de Schepper en dit waren onze rechten zover als mijn geheugen reikt, tot mijn grootvader. Dit was het voedsel waarvan wij leefden. Mijn moeder verzamelde bessen, mijn vader viste en doodde het wild. Dit zijn woorden van mij en zij zijn waar. Het doet er niet toe hoelang ik leef, ik kan deze gedachten niet veranderen. Mijn kracht is afkomstig van de vissen, mijn bloed van de vissen, de wortels en de bessen. De vissen en de wilde dieren zijn de essentie van mijn leven. Ik werd niet uit een vreemd land naar hier gebracht en kwam hier niet naartoe. De Schepper gaf mij mijn plaats hier.

Meninock (Yakima), 1915[32]

In vroegere dagen was de vrouw degene die onderricht gaf, dus leerden wij alles van mijn moeder en mijn grootmoeder. Als wij iets deden dat niet volgens de regel was, zeiden zij: 'Niemand doet dat'. En wij gaven een gevat antwoord en zeiden: 'Als niemand dat doet, dan wil ik het doen'. Maar het pakte niet goed uit voor ons! Ze waren heel streng tegen ons, zie je. Ik herinner me hoe mijn grootmoeder zei: 'Loop niet door vuur. Je verbrandt en er zijn andere wegen om erlangs te komen'.

Margaret Hawk (Oglala Sioux), 1929[33]

Grootouderlijke raad:

aan vaders en moeders
Als je kinderen naar de buren gaan en ruzie maken, kies dan hun kant niet. Neem hen mee naar huis en vertel hun dat ze zich hebben te gedragen. Zorg dat je geen ruzie krijgt met je buren vanwege de ruzies tussen jullie kinderen.

Leer de kinderen hoe ze zich moeten gedragen en ze zullen daarnaar leven en goed vooruitkomen in de wereld.

aan jonge mannen en vrouwen
Vermijd ruzie, bewaar de vrede en spreek geen kwaad over elkaar. Gehoorzaam je ouders, neem hun raad aan en respecteer hen. Als je zo leeft terwijl je onder je eigen mensen bent, zul je gerespecteerd worden als je naar een vreemd dorp gaat.

Traditioneel (Chippewa), 1929[34]

Lied van de jonge god van de oorlog

Ik ben gegaan tot het einde van de aarde,
Ik ben gegaan tot het einde der wateren.
Ik ben gegaan tot het einde van de hemel.
Ik ben gegaan tot het einde der bergen.
Nooit vond ik iemand die niet mijn vriend was.

Traditioneel (Navajo), vertaald in 1897[35]

Als iedereen iets deed voor iemand anders, dan zou niemand in de hele wereld ergens gebrek aan hebben. Help gewoon iemand. Zo gaat het nu niet, maar ik denk dat mensen het beginnen te leren.

Marlene Rickard (Tuscarona), 1993[36]

Wat is een mens?
Een mens is niets.
Zonder zijn familie
is hij onbelangrijker
dan dat insekt
dat onderweg is
naar de overzijde
van een pad.

Anoniem (Pomo), 1944[37]

HOOFDSTUK VIER

HET NOORDEN

Het Noorden bezit de harde, zuiverende wijsheid van de tijd van de winter en het witte haar, de adem van de oude man door de heilige pijp, de grootouders die, op de grote cirkel van het leven, dichter bij de kleine kinderen staan.

Het is belangrijk dat je het verleden leert kennen en je handelen erop afstemt, want dat geeft ons de zekerheid dat we de aarde altijd zullen bevolken. Ik zeg dit omdat onze mensen die ons voorgingen dit hebben gezegd.

Ignatia Broker (Ojibway), 1983[38]

De schepper verordineerde
dat mensen zouden leven
tot zij oud waren.

Als een vrouw oud wordt
zal zij krachteloos zijn
en niet in staat tot werken.

Het is verkeerd
onvriendelijk te zijn
jegens onze grootmoeders.

De schepper verbiedt
onvriendelijkheid
jegens de ouderen.
Wij, de vier boodschappers,
zeggen dit.

De schepper besloot
dat het zo zou zijn.
Een oude vrouw zal weer zijn
als een kind
en haar kleinkinderen
zullen voor haar zorgen.
Want alleen omdat zij er is
zijn zij er.
Zo spraken zij en sprak hij.
Zo was het.

Handsome Lake (Seneca),
omstreeks 1800[39]

Wat is leven?
Het is de vonk
van een vuurvlieg in de nacht.

Het is de adem
van een buffel in de winter.

Het is de kleine schaduw
die over het gras glijdt
en zich in de zonsondergang
verliest.

Crowfoot (Blackfeet Indianen),
circa 1880[40]

De ouderdom is niet zo eerbiedwaardig als de dood,
maar de meeste mensen streven ernaar.

Two Leggings (Crow), 1919[41]

Wij spreken tot Wakan tanka en zijn er zeker van dat hij ons hoort, en toch is het moeilijk uit te leggen wat we hiervan geloven. Het is de algemene overtuiging van de Indianen dat nadat iemand gestorven is zijn geest ergens op aarde of in de lucht is; we weten niet precies waar, maar we zijn er zeker van dat zijn geest nog leeft. Soms waren de mensen het erover eens dat als het voor geesten mogelijk zou zijn om mensen aan te spreken, zij zich na hun overgang zouden aandienen bij hun vrienden, maar het gebeurde nooit dat zij weer tegen ons spraken, behalve in onze nachtelijke dromen. Zo is het ook met Wakan tanka. We geloven dat hij overal is, maar hij is voor ons als de geesten van onze vrienden, wier stemmen we niet kunnen horen.

Mato-Kuwapi/Chased by Bears
(Santee-Yanktonai Sioux), omstreeks 1918[42]

sun'kaa	wolf
mici'la	was ik in mijn ogen
yun'kan	maar
hinhan'	de uilen
hoton'pi	krassen
yun'kan	en
hanko'waki pelo'	ik vrees de nacht

Gray Hawk (Teton Sioux),
vertaald in 1918[43]

Het lichaam sterft. Het lichaam is slechts dat wat de ziel bezit of waar de ziel in woonde. De ziel leeft voort.

Susie Billie, 102 jaar oud (Seminole), 1993[44]

Het leven van de mens is kortstondig en daarom is het nutteloos om angst voor de dood te hebben, want vroeg of laat komt de dood voor iedereen; de mens en alle levende schepselen komen tevoorschijn, gaan voorbij en zijn weg, terwijl de bergen en rivieren altijd hetzelfde blijven - van alle zichtbare dingen blijven alleen zij onveranderd.

Grondstelling van de Hethu'shka Society (Omaha), vertaald in 1905[45]

Wat grootouders voor hun kleinkinderen voelen kan aldus worden geformuleerd: 'Onze kinderen zijn ons dierbaar; maar als we kleinkinderen hebben, schijnen ze ons dierbaarder te zijn dan onze kinderen vroeger'. Je zou kunnen zeggen dat de grootmoeders zich uitsloven om hun waardering voor hun kleinkind te tonen. Dat is rechtstreeks terug te voeren op de zegenwens die over hen werd uitgesproken toen zij klein waren, dat ze lang genoeg zouden leven om grootmoeder te kunnen worden. Als het dan zover is en ze hebben het grootmoederschap bereikt, dan doen ze iets extra's om hun waardering te tonen.

Henry Old Coyote (Crow), 1974[46]

Lied van Tatantka Iyotake (Sitting Bull), na de overgave aan de Amerikaanse autoriteiten die volgde op de strijd bij Custer

iki'cize	Een krijger
waon'kon	was ik
wana'	nu
hana'la yelo'	is het allemaal voorbij
iyo'tiye kiya'	een moeilijke tijd
waon'	heb ik

Sitting Bull (Lakota), omstreeks 1877[47]

Als we de religie van de Amerikaanse Indianenstammen nader bestuderen, constateren we een opmerkelijke afwezigheid van angst voor de dood. Grafheuvels wijzen erop dat men geloofde dat het leven na de dood een voortzetting was van het leven zoals men het al had ervaren. Persoonlijke bezittingen, gereedschappen en wapens die tot het familiebezit behoorden, kookgerei en vaak ook voedsel werden naast het lichaam gelegd, zodat het zou worden meegenomen naar het volgende leven. Men nam niet aan dat de ziel rekenschap zou moeten afleggen voor fouten en nalatigheden ten aanzien van een van te voren bepaalde ethische norm. Daarover was alles al gezegd tijdens het leven van de betrokkene. Sommige stammen beschouwden de overgang naar het volgende leven als een min of meer mechanisch proces, dat iedereen te wachten stond, een natuurlijke, kosmische aangelegenheid die alles en iedereen aanging...

Enkele decennia geleden woonde ik een begrafenis bij op een christelijk kerkhof in Mission, Zuid Dakota. Toen het lichaam zich in het graf bevond en de rouwenden eromheen stonden, kwam er een oude vrouw naar voren en legde een sinaasappel op het graf. De Episcopaalse priester die de dienst had geleid snelde toe en nam de sinaasappel weg, met de woorden: 'Wanneer denkt u dat de overledene deze sinaasappel zal komen opeten?' Een van de Sioux Indianen die erbij stond zei: 'Als de ziel terugkomt om aan de bloemen te ruiken'. Niemand zei daarna meer iets.

Vine Deloria Jr. (Oglala Sioux), 1973[48]

HOOFDSTUK VIJF

DE HEMEL BOVEN

Lied van de Donder

Soms
beklaag ik mij
terwijl ik rondzwerf,
door de wind
meegevoerd
langs het zwerk

Anoniem (Chippewa), vertaald in 1910[49]

Hoog daarboven
zullen we gaan
jij en ik;
langs de Melkweg
zullen we gaan
jij en ik;
langs de door bloemen omzoomde weg
zullen we gaan
jij en ik;
bloemen plukkend op ons pad
zullen we gaan
jij en ik.

Anoniem (Wintu), vertaald in 1935[50]

Wij brengen dank aan de maan en de sterren, die ons licht geven als de zon is gaan rusten. We danken u dat uw wijsheid en goedheid het zo hebben beschikt dat het ons nooit aan licht ontbreekt. Laat deze goedheid ons altijd vergezellen.

Wij danken de zon, dat hij met een welwillend oog heeft neergezien op de aarde. Wij danken u dat gij in uw oneindige wijsheid de zon hebt bevolen de terugkeer te regelen van de seizoenen, warmte en kou te verspreiden en te waken over het welzijn van uw volk. Schenk ons de wijsheid die ons langs het pad der waarheid zal leiden. Houd alles wat kwaad is ver van ons, zodat de zon nooit uit schaamte zijn gezicht voor ons verbergt en ons in de duisternis achterlaat.

Uit een traditioneel dankgebed van de Sose-Ha-Wa (Seneca), vertaald door Ha- Sa-No-An-Da/ Ely Parker, 1851[51]

Zing je lied
terwijl je omhoog kijkt
naar de hemel.

Persoonlijk levenslied van een oude, blinde vrouw (Nootka), vertaald in 1939[52]

Een mens bezit wellicht het vermogen om iets op een onbegrijpelijke manier te doen, maar er is nooit iemand geweest die de zon en de maan naar zijn hand kon zetten of de jaargetijden kon veranderen. De grootste wonderen die een mens kan bewerkstelligen zijn anders dan de werken van de natuur. Als de jaargetijden elkaar opvolgden, beschouwden wij dat als een geschenk van de zon, die de sterkste is van alle geheimzinnige wakan krachten....

Anoniem (Teton Sioux), omstreeks 1918[53]

Vogels zijn voor de Indianen altijd belangrijk geweest, omdat ze gaan waar ze willen; ze verheffen zich van de aarde als ze daar zin in hebben en ze zijn vrij. Wij nemen de veren van de vogels en gebruiken ze bij onze plechtigheden, omdat ze ons herinneren aan de Schepper. De adelaar vliegt het hoogst van alle vogels en is dus het dichtst bij de Schepper; daarom is de adelaarsveer het meest heilig. Hij staat boven alle andere vogels en behoort daarom alle stammen, alle volkeren toe.

Buffalo Jim (Seminole), 1990[54]

Mijn vader legde mij het volgende uit. 'Alle dingen in deze wereld', zei hij, 'hebben een ziel of geest. De lucht heeft een geest, de wolken hebben een geest, de zon en de maan hebben een geest, en ook de dieren, de bomen, het gras, het water, de stenen; alles'.

Edward Goodbird (Hidatsa), 1914[55]

Uit "Het lied van de sterren"

Wij zijn de zingende sterren.
Wij zingen met ons licht.
Wij zijn de vuurvogels.
Wij vliegen langs de hemel.
Ons licht is een stem.
Wij openen een weg
voor de geest
naar de overkant.

Traditioneel (Passamaquoddy)

De Indiaan aanbad met hart en ziel. Van de wieg tot het graf vereerde hij alles wat hem omringde. Hij beschouwde zichzelf als geboren in de weelderige schoot van Moeder Aarde en geen enkele plaats was hem te min. Er was niets tussen hem en de Grote Heilige. Het contact was heel direct en persoonlijk en de zegeningen van Wakan tanka overstroomden de Indiaan als regen die uit de hemel neergutst. Wakan Tanka was niet ver, afgezonderd van de mensen en steeds bezig kwade krachten te bedwingen. Hij strafte de dieren en de vogels niet en de mensen strafte hij evenmin. Hij was geen God van straffen, want er was nooit sprake van de overheersing van een kwade macht, die de macht van het goede overvleugelde. Er was slechts één regerend principe en dat was het goede.

Chief Luther Standing Bear (Lakota), 1933[56]

Een wijze oude man uit mijn volk, de Tewa, zei vaak *Pin be obi*, 'Kijk naar de bergtop', toen hij nog leefde. Ik hoorde het 25 jaar geleden voor het eerst, toen ik zeven jaar oud was en me voor de eerste maal voorbereidde op deelname aan een van de estafettelopen die we in het Pueblogebied hielden om de zonnevader kracht te geven tijdens zijn reis door de lucht. Ik stond bij het begin van het voetspoor dat van oost naar west liep, evenals het pad van de zon. De oude man, die blind was, riep mij bij zich en zei: 'Jongen, kijk terwijl je loopt naar de top van de berg', en hij wees naar Tsikomo, de heilige berg die voor de Tewa in het westen ligt en die zich verloor in de verte. 'Houd je ogen op die berg gericht en je zult de mijlen onder je voeten voelen wegsmelten. Doe dit en na een tijdje zul je je voelen alsof je over struiken, bomen en zelfs over de rivier kunt springen'. Ik probeerde te begrijpen wat deze laatste uitspraak betekende, maar ik was nog te jong.

Bij een andere gelegenheid, een paar dagen later, vroeg ik hem of ik werkelijk over de boomtoppen kon leren springen. Hij glimlachte en zei: 'Voor wat voor uitdagingen het leven je ook zal plaatsen, denk er altijd aan naar de top van de berg te kijken, want daarmee kijk je naar iets groots. Onthoud dat en laat geen enkel probleem, hoe groot het er ook uit mag zien, je ontmoedigen, en laat je door niets afleiden dat minder is dan de top van de berg. Dit is de éne gedachte die ik je wil meegeven. En in de nevelige toekomst waarin wij elkaar opnieuw zullen ontmoeten, zal dat zijn op de top van de berg'. Ik hoefde me niet lang af te vragen waarom, want een maand later, toen de korenaren stevig op de akker stonden, stierf hij rustig in zijn slaap, nadat hij zevenentachtig zomers had gezien.

Alfonso Ortiz (Tewa), 1973[57]

Lied aan de Pleiaden

Zie hoe ze stijgen, hoger en hoger
boven de streep waar de hemel de aarde ontmoet;
de Pleiaden!
Kijk hoe ze klimmen, ze wijzen de weg,
geleiden ons veilig, wij blijven bijeen;
Pleiaden,
leer ons om, evenals jullie, een eenheid te zijn.

Traditioneel (Pawnee), vertaald in 1904[58]

HOOFDSTUK ZES

DE AARDE BENEDEN

Het is heel belangrijk voor vrouwen om te zorgen voor de Moeder Aarde die we nu bewonen.... Je moeder kan sterven, maar dan leef je nog steeds op deze aarde... Je moeder is degene die alles voor je doet. Met Moeder Aarde is het hetzelfde.

Lena Sooktis (Cheyennen v.h. Noorden), 1993[59]

Elk stukje van deze grond is heilig in de ogen van mijn volk. Iedere heuveltop, iedere vallei, iedere vlakte en elk bos is geheiligd door een droeve of blijde gebeurtenis in lang vervlogen dagen. Zelfs de rotsen, die daar ogenschijnlijk zwijgend en dood langs de stille kust in de zon liggen te stoven, trillen na van de herinneringen aan schokkende gebeurtenissen in de levens van mijn mensen. En zelfs het stof waar je nu op staat reageert met meer liefde op hun voetstappen dan op de jouwe, omdat het doordrenkt is van het bloed van onze vorige geslachten en onze blote voeten de zachte aanraking ervan voelen.

Chief Seathl (Duwamish-Suquamish), 1854[60]

Mijn jonge mensen zullen nooit werken. Mensen die werken kunnen niet dromen, en wijsheid komt in dromen.

Je vraagt mij de grond om te ploegen. Zal ik een mes pakken en in de borst van mijn moeder snijden? Dan zal zij mij als ik sterf niet aan haar boezem leggen om te rusten.

Je vraagt mij om naar stenen te graven. Zal ik onder

haar huid graven naar beenderen? Dan kan ik als ik sterf haar lichaam niet binnengaan om opnieuw geboren te worden.

Je vraagt mij om gras te snijden en hooi te maken om het te verkopen, zodat ik even rijk zal zijn als de blanken. Maar waar haal ik de moed vandaan om mijn moeders haar af te snijden?

Smohalla (Nez Perce), omstreeks 1850[61]

Wij mensen moeten weer komen tot een morele instelling tegenover de aarde en het luchtruim. We moeten leven volgens de beginselen van de ethiek van het land. Het alternatief is dat we er helemaal niet meer zullen zijn.

N. Scott Momaday (Kiowa), 1970[62]

De Grote Geest is onze vader, maar de aarde is onze moeder. Zij voedt ons; wat wij in de aarde stoppen geeft zij ons terug, en evenzo geeft zij ons genezende planten. Als we gewond zijn, gaan we naar onze moeder en leggen het gewonde lichaamsdeel tegen haar aan om te worden genezen.

Bedagi (Wabanaki), omstreeks 1900[63]

De oude mensen zochten de aarde letterlijk op om haar lief te hebben en zij zaten of leunden op de grond en voelden de nabijheid van een moederlijke kracht. Het was goed voor de huid om de grond aan te raken en de oude mensen hielden ervan hun mocassins uit te doen en met blote voeten op de heilige aarde te lopen. Hun tipi's hadden de aarde als bodem en hun altaren waren van aarde gemaakt. De vogels in de lucht kwamen naar de aarde om uit te rusten en het was de laatste verblijfplaats van alles wat leefde en groeide. De aarde was verzachtend, versterkend, zuiverend en genezend.

Daarom zit de oude Indiaan nog steeds op de grond en zoekt hij geen steun om hoger te komen, weg van haar levenschenkende krachten. Voor hem is het zitten of liggen op de grond iets dat hem in staat stelt dieper door te denken en intenser te voelen.

Chief Luther Standing Bear (Lakota), 1933[64]

De aarde die je ziet is niet gewoon maar aarde - het is het tot stof vergane bloed, vlees en gebeente van ons voorgeslacht... Je zult door de oppervlakte heen moeten spitten voor je de natuurlijke aarde vindt, want de bovenste laag is Crow. Dit land, dat is mijn bloed, dat zijn mijn doden; het is gewijde grond en ik ben niet van plan om er ook maar het kleinste stukje van op te geven.

Curley (Crow), 1936[65]

Tegenwerpingen bij een contract voor verkoop van grondgebied

Ik vraag mij af of de grond iets heeft te zeggen? Ik vraag mij af of de grond luistert naar wat ik zeg? Ik vraag mij af of de grond en wat erop is tot leven zou kunnen komen? Hoewel ik hoor wat de grond zegt. De grond zegt: Het is de Grote Geest die mij deze plaats gaf. De Grote Geest zegt mij dat ik voor de Indianen moet zorgen, hen naar behoren moet voeden...

De grond zegt ook: Van mij werden de menselijke wezens gemaakt. De Grote Geest wenste, toen hij de mensen op de aarde zette, dat zij goed voor de grond zouden zorgen en elkaar geen kwaad zouden doen.

Young Chief (Cayuse), 1855[66]

Wica'hcala kin	De oude mannen
heya'pelo	zeggen dat
maka'kin	de aarde
lece'la	slechts
tehan yunke'lo	duldt.
eha'pelo'	Jullie spraken
ehan'cekon	de waarheid.
wica'yaka pelo'	Jullie hebben gelijk.

Used-as-a-shield (Teton Sioux).
Vertaald in 1918[67]

De westerse Shoshonen schoven lang geleden hun moeder als ze oud werd niet terzijde; ze brachten haar naar huis en zorgden voor haar. Op dezelfde manier worden we geacht voor de aarde te zorgen, zoals we voor onze moeders zouden moeten zorgen. Het is eigenlijk gewoon een kwestie van gezond verstand.

Carrie Dann (Western Shoshone), 1993[68]

Niet-Indianen hebben de neiging alles te willen repareren. Soms hoeven dingen niet meteen gerepareerd te worden. Als je de natuur met rust laat, zodat ze voor zichzelf kan zorgen en zichzelf kan genezen, zul je zien dat ze dat inderdaad doet. Yellowstone Park is een goed voorbeeld. Het verbrandde en verkoolde helemaal en in minder dan een jaar begon men een nieuwe begroeiing waar te nemen en de nieuwsmedia waren geschokt. De natuur doet dit voortdurend. Wij zijn als mensen een onderdeel van de aarde en van de natuur. Geef de natuur de gelegenheid om zich te herstellen en het zal gebeuren.

Gawanahs/Tonya Gonella Frichner (Onondaga), 1993[69]

HOOFDSTUK ZEVEN

DE HEILIGE PLAATS BINNENIN

Maar als het visioen waarachtig en groots was - en ik weet dat het dat was - dan is het nog steeds waarachtig en groots; want dergelijke dingen zijn afkomstig van de geest en het is in de duisternis van hun ogen dat mensen verdwalen.

Black Elk (Oglala Lakota), 1931[70]

Hoe intelligenter een mens is
hoe meer hij God nodig heeft
om hem te beschermen tegen de gedachte
dat hij alles weet.

George Webb (Pima), 1959[71]

In de oude tijd kende ons volk geen ontwikkeling. Zij konden niet uit boeken en van leraren leren. Al hun wijsheid en kennis kwam tot hen in dromen. Zij toetsten hun dromen en leerden zo hun eigen kracht kennen.

Anonieme oude man (Chippewa), 1929[72]

Een van onze oude, oude heilige mannen zei: 'Iedere stap die je op aarde zet moet een gebed zijn. De kracht van een zuivere en goede ziel ligt in een ieders hart besloten en zal groeien als een zaadje als je manier van lopen heilig is. En als iedere stap die je zet een gebed is, dan zal je manier van lopen altijd heilig zijn'.

Charmaine White Face (Oglala Lakota), 1993[73]

Alles is voor je klaargelegd.
Je pad ligt recht voor je.
Soms is het onzichtbaar, maar het is er.
Je weet misschien niet waarheen het gaat,
maar je moet het volgen.
Het is het pad dat naar de Schepper leidt.
Het is het enige pad dat er is.

Chief Leon Shenandoah (Onondaga), 1990[74]

De man die zijn zelfbeheersing steeds bewaart, rustig en onberoerd door de stormen van het bestaan - niet als een onbestendig blad aan de boom, niet als een golfje aan de oppervlakte van het glinsterende water - beschikt, in de geest van de ongeletterde wijze, over de ideale levensinstelling.

Als je hem vraagt: 'Wat is stilte?' zal hij antwoorden: 'Het grote mysterie!' 'De heilige stilte is Zijn stem!' Als je vraagt: 'Wat zijn de vruchten van de stilte?' zal hij zeggen: 'Zelfbeheersing, echte moed, uithoudingsvermogen, geduld, waardigheid en eerbied. Stilte is de hoeksteen van het karakter.'

'Houd in je jeugd je tong in toom', zei het oude opperhoofd, Wabashaw, 'en je laat mettertijd wellicht een gedachte rijpen die nuttig zal zijn voor je volk'.

Ohiyesa/Dr. Charles A. Eastman (Santee Dakota), 1902[75]

Onafhankelijkheid is iets dat zich in steeds wijder wordende kringen verspreidt, beginnend bij jezelf.... Als iemand de rivier in kan gaan en zoveel vis kan vangen als hij nodig heeft, als hij kan doen wat hij moet doen om te zorgen voor hen die van hem afhankelijk zijn, dan is hij soeverein. Onafhankelijkheid is niet iets dat je door iemand wordt verleend. Jullie kunnen ons geen soevereiniteit schenken, het is geen privilege dat je door iemand wordt verleend. Soevereiniteit is een verantwoordelijkheid die je in jezelf meedraagt.

Bawdway Wi Dun/Edward Benton-Benai (Ojibway), 1990[76]

Ik vraag in mijn gebeden en discussies niet alleen om de dingen die ik graag zou zien gebeuren, omdat niemand kan beweren dat hij weet wat het beste is voor de mens. Alleen Wakan tanka en Grootvader weten wat het beste is en daarom wordt, ofschoon ik bezorgd ben, mijn houding niet beheerst door angst voor de toekomst. Ik onderwerp mij altijd aan Wakan tanka's wil. Dat is niet makkelijk en de meeste mensen vinden het onmogelijk, maar ik heb de kracht van het gebed ervaren en gezien hoe Gods wensen vervuld werden. Daarom bid ik altijd of God mij de wijsheid wil geven om zijn manier om de dingen tot stand te brengen te aanvaarden.

Frank Fools Crow (Teton Sioux), 1979[77]

De ethiek van de Hopi

Wees gelukkig om lang te kunnen leven.
Angst en zorg maken je ziek.

Je hoofd verliezen is een slechte gewoonte.

Als een onschuldig man niet boos wordt
zal hij lang leven.
Een schuldig mens zal ziek worden
door slechte gedachten.

Geluk is niet alleen op zich goed
maar ook heel gezond.

Traditioneel (Hopi), opgetekend in 1954[78]

Goede medicijn is er om te genezen. Voor een groot deel is dat een kwestie van erin geloven. Als je niet in iets gelooft, als je hart er niet bij betrokken is, zal het moeilijk zijn om te genezen.

Agnes Cypress (Seminole), 1993[79]

Het lijdt geen twijfel dat de geneeskunst voor de Indiaan nauw verbonden was met spirituele aangelegenheden, maar ook wat dat betreft is hij vaak verkeerd begrepen; alles wat hij als heilig beschouwde werd in feite zonder onderscheid aangeduid als 'geneeskunst', in de zin van mysterie of magie. Als arts was hij oorspronkelijk heel veelzijdig en vaak succesvol. Hij maakte alleen gebruik van genezende boombast, wortels en bladeren waarvan hij de eigenschappen kende en die hij los van elkaar placht toe te dienen in de vorm van een distillatie of aftreksel. De inwendige reiniging of maagspoeling was een waardevolle Indiaanse uitvinding en het Turkse bad of stoombad werd algemeen toegepast. Een gebroken bot kon hij heel behoorlijk zetten, maar hij waagde zich nooit aan chirurgie in enigerlei vorm. Bij dit alles beschikte de medicijnman over veel persoonlijk magnetisme en overwicht; bij zijn behandelingen trachtte hij vaak het evenwicht bij de patiënt te herstellen door geestelijke en spirituele beïnvloeding - een primitieve vorm van psychotherapie.

Het woord waarmee de Sioux de geneeskunst aanduiden is 'wah-pee-yah', wat letterlijk 'weer in orde brengen' of 'nieuw maken' betekent. Een geneesmiddel heet 'pay-jee-hoo-tah', letterlijk 'wortel', en 'wakan' betekent 'geest' of 'mysterie'. Deze drie begrippen werden dus zorgvuldig uit elkaar gehouden. Men mag evenmin vergeten dat de 'medicijnman' destijds niet betaald werd voor zijn diensten, die het karakter droegen van een eerbiedwaardige functie of een officieel ambt. Toen de gedachte aan betaling en ruilgoederen bij ons zijn intrede deed en men aanzienlijke geschenken of honoraria begon te vragen voor het behandelen van de zieken, leidden de hebzucht en rivaliteit die daarvan het gevolg waren tot vele demoraliserende praktijken en uiteindelijk tot de opkomst van de moderne 'tovenaar', die doorgaans een bedrieger en oplichter van het ergste soort is. Gelukkig zijn zijn dagen bijna geteld.

Ohiyesa/ Dr. Charles A. Eastman (Santee Dakota), 1902[80]

Mensen willen zo graag iets leren op spiritueel gebied dat ze alles achterna zullen lopen wat op hun weg komt, maar als het iets is wat ze niet begrijpen doen ze zichzelf daar alleen maar pijn mee. Je moet oprecht zijn als je de Indiaanse religie aanhangt, het is iets dat te heilig is om slordig mee om te springen.

De mensen zouden rechtstreeks terug moeten gaan naar hun eigen wortels en daaruit putten, kennis nemen van hun eigen oorsprong en daarna inkeren tot waar het in henzelf te vinden is.

Olivia Pourier, kleindochter van Black Elk (Lakota), 1993[81]

De woorden die Red Jacket tegen een zendeling sprak

Je zegt dat je bent gezonden om ons te leren hoe wij de Grote Geest zodanig moeten aanbidden dat het aangenaam voor hem is, en als we de religie die jullie blanken ons leren niet ter harte nemen, dan zullen we in het hiernamaals ongelukkig zijn. Jullie zeggen dat jullie gelijk hebben en dat wij verloren zijn. Hoe weten we dat dat waar is?

We begrijpen dat jullie religie in een boek is opgetekend. Als dat zowel voor ons als voor jullie bestemd was, waarom heeft de Grote Geest het ons dan niet gegeven, en niet alleen aan ons, maar waarom vertelde hij onze voorvaderen niet wat zij van dat boek moesten weten, mét de middelen om het op de juiste manier te begrijpen? Wij weten alleen wat jullie erover vertellen; hoe weten we wanneer we dat kunnen geloven, aangezien we zo vaak door de blanken zijn bedrogen?

Broeder, je zegt dat er maar één manier is om de Grote Geest te vereren en te dienen. Als er maar één religie is, waarom verschillen jullie blanke mensen daarover dan zo van mening? Waarom zijn jullie het niet allemaal eens? Jullie kunnen het boek toch allemaal lezen?

Broeder, wij begrijpen deze dingen niet. Er is ons verteld dat jullie religie aan jullie voorvaderen werd gegeven en van vader op zoon is overgeleverd. Ook wij hebben een religie die aan onze vroegere generaties werd gegeven en die zij aan ons, hun kinderen, hebben doorgegeven. Wij aanbidden op die manier. Zij leert ons dankbaar te zijn voor al het goede dat we ontvangen, elkaar lief te hebben en één te zijn. Wij hebben nooit ruzie over religie.

Red Jacket/ Sagoyewatha (Seneca), 1805[82]

Woorden die een oude Hopi tegen een zendeling sprak

Wij zijn misschien dwaas in de ogen van de blanken, want wij zijn maar heel eenvoudige mensen. We leven dicht bij onze grote moeder, de aarde. We geloven in onze God zoals jij gelooft in jouw God, maar we geloven dat onze God het beste voor ons is. Onze God praat met ons en vertelt ons wat we moeten doen. Onze God geeft ons de regenwolk en het zonlicht, het graan en alles om het leven in stand te houden, en onze God gaf ons deze dingen voor we ooit van jouw God hadden gehoord. Als jouw God zo groot is, laat hem dan tot mij spreken, zoals mijn God tot mij spreekt, in mijn hart en niet uit de mond van een blanke man. Jouw God is wreed en niet almachtig, want je praat altijd over een duivel en een hel waar mensen heengaan na hun dood. Onze God is almachtig en universeel goed, en er is geen duivel en geen hel in onze onderwereld, waar we heengaan als we zijn gestorven. Nee, ik zou liever vast willen houden aan mijn God en mijn religie dan over te gaan naar de jouwe, want in mijn religie is meer geluk te vinden dan in de jouwe.

Anoniem (Hopi), 1907[83]

Ik ben de enige die verantwoordelijk is voor mijn ziel, als ik hier niet de juiste dingen doe. Ik blijf in gebreke, niet hij, niet de kerk, niet die berg daar of de zon. Dat is de manier waarop ze ons de Indiaanse religie bijbrengen. Er is niemand die je beïnvloedt, niemand die je naar je graf brengt behalve jijzelf.

Alex Saluskin (Yakima), 1970[84]

Ons volk wordt vertrapt, onder de voet gelopen, bedrogen - het hele gedoe -, maar je kunt niet bij pijn blijven stilstaan. Dat is het verleden. We werken allemaal voor een beter morgen, de dingen kunnen beter worden. Als we stil blijven staan bij alles wat ons heeft gekwetst, zal dat niets opleveren, behalve gevoelens van wrok. Daar hebben we genoeg van.

We moeten werken voor een betere toekomst en voor de genezing van alle pijn in onze ziel. Als er iets gebeurt wat pijn doet, geloof ik in de Schepper. Hij helpt mij heen over wat mij kwelt. Hij helpt mij heen over de pijn.

Mildred Kalama Ikebe
(Nisqually, Puyallup, oorspronkelijk Hawaiiaans), 1993[85]

Dit is wat de geest tot mij zegt - breng mijn volk bijeen. Breng hen tot het geloof, want als je dat niet doet zullen ze verwilderen en elkaar doden. Wie over heilige plaatsen beschikt moet die tot leven brengen, zoals ik dat hier doe, om mijn oude wereld in mijn hart te bewaren, verbonden met hen die in de spirituele wereld leven. Het is aan hen mij te helpen en aan mij mijn volk te helpen.

Flora Jones (Wintu), 1975[86]

Ik weet niet waar onze humor vandaan komt, maar de situatie kan de ergste van de hele wereld zijn en je kunt erbij gaan zitten en je kunt lachen. Ik denk dat dat komt omdat onze goede binnenkant altijd naar buiten komt, waar en wanneer dan ook.

Renne Hallett (Tonawanda Seneca), 1993[87]

De eerste vrede, die het belangrijkst is, is de vrede die neerdaalt in het hart van de mensen als zij zich hun verbondenheid realiseren, hun éénzijn met het universum en alle kosmische krachten, en als zij beseffen dat in het middelpunt van dat universum Wakan tanka woont en dat dit middelpunt werkelijk overal is; het is in ons allemaal te vinden. Dat is de ware vrede en de andere zijn daar slechts een afspiegeling van. De tweede is de vrede tussen twee mensen en de derde de vrede die gesloten wordt tussen volkeren. Maar vóór alles dien je te begrijpen dat er nooit vrede tussen volkeren kan bestaan voor die ware vrede bekend is die, zoals ik al vaak heb gezegd, te vinden is in het hart van de mensen.

Black Elk (Oglala Dakota), 1948[88]

HOOFDSTUK ACHT

DE CIRKEL

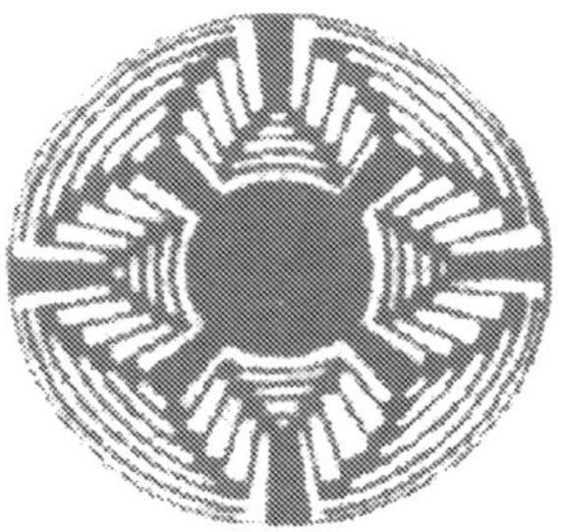

Alles is cirkelvormig. Ieder van ons is verantwoordelijk voor zijn eigen daden. Het zal terugkomen.

Betty Laverdure (Ojibway), 1993[89]

Je hebt gemerkt dat alles wat een Indiaan doet een kringloop beschrijft; dat is omdat de kracht van de aarde altijd in cirkels werkt en alles naar de ronde vorm streeft. Vroeger, toen we een sterk en gelukkig volk waren, was al onze kracht afkomstig van de heilige ring van het volk, en zolang die ring heel bleef groeide en bloeide het volk.... Alles wat de kracht van de aarde doet, beschrijft een cirkel. Het hemelgewelf is rond en ik heb gehoord dat de aarde een ronde bal is en dat hetzelfde geldt voor de sterren. De wind wervelt rond als hij op zijn sterkst is. Vogels maken hun nesten rond, want hun religie is gelijk aan de onze. De zon komt op en gaat onder in een kringloop. De maan doet hetzelfde, en beide zijn rond. Zelfs de seizoenen volgen elkaar op in een grote kringloop en komen altijd weer terug waar zij waren. Het leven van een mens volgt een kringloop van kindertijd naar kindertijd en zo is het met alles waarin zich een kracht beweegt.

Black Elk (Oglala Lakota), 1931[90]

Het was de wind
die hen leven inblies,
het is de wind
die onze mond uitstroomt
die ons nu leven schenkt.
Als die niet langer waait

zullen we sterven.
In de huid van onze vingertoppen
zien we het spoor dat de wind
naliet;
het toont ons dat de wind er was
toen onze voorouders werden geschapen.

Anoniem (Navajo), 1897[91]

Planten worden beschouwd als levend,
hun sap is hun bloed, en zij groeien.
Hetzelfde kan worden gezegd van bomen.
Alles sterft,
daarom heeft alles leven in zich.
Omdat alles leeft
moeten alle dingen
met goede gaven worden bedeeld.

William Ralganal Benson (Pomo), 1993[92]

Onze profetieën maken gewag van blanke mensen. Eens waren zij onze broeders, die naar het Oosten vertrokken. Zij leerden daar alles over uitvindingen. Ze werden verondersteld bij ons terug te komen met die uitvindingen en ons te helpen tot een beter leven te komen. Ze zouden onze spirituele cirkel voltooien. Maar in plaats van het symbool van een cirkel brachten ze het symbool van een kruis mee. De cirkel brengt mensen bijeen, het kruis houdt hen gescheiden.

Thomas Banyaca (Hopi), 1990[93]

Toen ik tien jaar oud was keek ik naar het land en de rivieren, de hemel boven mij en de dieren om mij heen en ik besefte maar al te goed dat zij door een of andere hogere macht waren geschapen. Ik wilde deze macht zo graag begrijpen dat ik de bomen en het struikgewas ondervroeg. Het leek alsof de bloemen me aanstaarden, en ik wilde ze vragen: 'Wie heeft jullie gemaakt?' Ik keek naar de met mos begroeide stenen; sommige schenen de gelaatstrekken van een mens te vertonen, maar ze konden mij geen antwoord geven. Toen had ik een droom, waarin een van die kleine, ronde stenen naar mij toe kwam en mij vertelde dat de maker van dit alles Wakan tanka was en dat ik om hem te eren zijn scheppingen in de natuur moest eren.

Tatanka-Ohitika/Brave Buffalo
(Teton Sioux), 1918[94]

Eén groot verschil tussen onze mensen en die van de in onze dagen dominerende maatschappij is nederigheid. Bij onze mensen, ongeacht hoe hoog of hoe ver iemand komt, is er het weten dat zij klein zijn in de aanwezigheid van God en het heelal.

Lincoln Tritt
(Gwichin Athabascan), 1989[95]

Wij geloven dat de geest al het geschapene doordringt en dat ieder schepsel in mindere of meerdere mate een ziel heeft, ook al is dit niet altijd een ziel die zich bewust is van zichzelf. De boom, de waterval, de grizzlybeer, allemaal belichamen zij een kracht en zijn als zodanig een voorwerp van verering.

Ohiyesa/ Dr. Charles A. Eastman
(Santee Dakota), 1902[96]

We houden er niet van de bomen kwaad te doen. We brengen ze zo mogelijk altijd een offer in de vorm van tabak, voor we ze kappen. We verspillen het hout niet, maar gebruiken alles wat we gekapt hebben. Als we niet aan hun gevoelens zouden denken en hun geen tabak zouden aanbieden voor ze gekapt werden, zouden alle andere bomen in het bos huilen en dat zou ook ons hart droevig stemmen.

Anoniem (Mesquakie), 1939[97]

Hopi-symbool voor Moeder Aarde

Het hele leven is wakan. Zo is het ook met alles wat zich als kracht manifesteert, actief, zoals de winden en de voortdrijvende wolken, of passief en geduldig, zoals de grote steen aan de kant van de weg. Want zelfs de gewoonste stukken hout en stenen zijn doortrokken van een spirituele essentie, die moet worden geëerd als een manifestatie van de alles doordringende, mysterieuze kracht die het universum vervult.

Francis Laflesche (Osage), 1925[98]

Alles is een eenheid - spiritueel en politiek - omdat de Schepper, wie dat ook is, toen hij de wereld maakte, de wereld in haar geheel aanraakte en zij vanzelf spiritueel werd....

Tom Porter (Mohawk), 1987[99]

Inwijdingslied van de Yuki

De rots kwam hier niet uit eigen beweging.
De boom staat hier niet vanzelf.
Er is iemand die dit alles maakte,
en voor ons tentoonspreidt.

Traditioneel (Yuki), vertaald in 1925[100]

Luister naar de lucht. Die kun je horen, voelen, ruiken, aanraken. Woniya wakan - de heilige lucht - die alles door zijn adem vernieuwt. Woniya, woniya wakan - geest, leven, adem, vernieuwing, dat betekent het allemaal. Woniya - we zitten bijeen, raken het niet aan, maar er ís iets; we voelen het tussen ons in als een aanwezigheid. Een goede aanleiding om over de natuur na te denken, over haar te praten. Praat liever tégen de natuur, praat tegen de rivieren, de meren, de winden als familieleden.

John Lame Deer (Miniconjou Sioux), 1972[101]

In het begin kregen we onze voorschriften, die ons vertelden hoe we moesten leven. Dat is dus overgeleverd van geslacht tot geslacht, tot op heden. 'Zo moeten we leven'.

Er werd ons verteld dat we goed voor elkaar moesten zijn. Elkaar moesten respecteren. Voor elkaar en onszelf moesten zorgen. Dat zijn een paar van onze leefregels. Zo lang we doen wat we geacht worden te doen, de fundamentele dingen, hebben we geen problemen. Als we eenmaal beginnen onze buurman te haten en van onze buurman te stelen en tegen hem te liegen, en ons eigen voedsel niet te verbouwen maar van iemand anders afhankelijk te zijn voor ons voedsel, brengen we onszelf uit ons evenwicht. Dat is wat onze verhalen, onze legenden ons vertellen.

Vickie Downey (Tewa-Tesuque Pueblo), 1993[102]

De landen van onze planeet smeken de mensheid om verlossing. Maar het gaat daarbij om een terugkeer van het gezonde verstand en niet om een bovennatuurlijke ommekeer aan het einde van de geschiedenis. Van de planeet zelf gaat een roep uit naar de andere levende wezens om verlichting. Religie is niet iets dat zich laat vangen binnen de begrenzingen van preken en heilige geschriften. Het is een kracht in en van zichzelf, die roept om de integratie van landen en volkeren in een harmonieuze eenheid. Het land wacht op hen die zijn ritme kunnen voelen. De specifieke geest van ieder continent - elk rivierdal, de massieve bergmassa's, de kalme meren - roept om verlossing van de constante, zware belasting van de exploitatie.

Vine Deloria, Jr. (Lakota), 1973[103]

Zie de dingen in de natuur
als mensen.
Praat met tornado's,
praat met de donder.
Ze zijn je vrienden
en zullen je beschermen.

Anoniem (Navajo), 1973[104]

Uit een toespraak aan de Verenigde Naties

De mens vertegenwoordigt geen macht. De werkelijke macht berust bij de Schepper. Als we doorgaan de boodschap te negeren die de grondslag is van ons bestaan en de bron van ons leven te vernietigen, dan zullen onze kinderen lijden... Ik moet u waarschuwen dat de Schepper ons allemaal gelijk aan elkaar maakte. En dat geldt niet alleen voor mensen, maar voor alles wat leeft. De gelijkwaardigheid van ons leven is wat u dient te begrijpen en het principe waarop u zich dient te baseren bij uw verdere activiteiten ten behoeve van de toekomst van deze wereld. Economie en technologie kunnen u daarbij terzijde staan, maar zullen u ook vernietigen als u het gelijkheidsbeginsel niet hanteert. Winst en verlies zullen voor uw toekomstige generaties nietszeggende begrippen zijn...

Ik zie geen afvaardiging die opkomt voor de belangen van de viervoeters. Ik zie geen zetel voor de adelaars. We vergeten ze en beschouwen onszelf als superieur, maar we zijn uiteindelijk slechts een deel van de schepping. En we moeten steeds weer begrijpen waar we zijn. En we staan ergens tussen de berg en de mier, en alleen daar, als een fragment, een onderdeel van de schepping. Die valt onder onze verantwoordelijkheid, omdat wij het geestelijk niveau hebben meegekregen om voor deze dingen te zorgen. De elementen en de dieren, en de vogels, leven in een staat van genade. Zij zijn absoluut, zij kunnen geen kwaad doen. Alleen wij, die twee benen hebben, kunnen dat. En als we dit onze broeders aandoen, onze eigen broeders, dan doen wij het ergste in de ogen van de Schepper.

Oren Lyons (Onondaga), 1977[105]

Uit een gebed van de Yokuts

Mijn woorden zijn tot een eenheid gebundeld
met de hoge bergen,
de hoge rotsen,
de hoge bomen,
tot een eenheid gebundeld
met mijn lijf,
met mijn hart.
Help mij allemaal
jullie
met onaardse krachten
en jij dag,
en jij, nacht!
Zie mij allemaal
als een met deze wereld!

Traditioneel (Yokuts),
vertaald in 1925[106]

Het stemt zo treurig als mensen proberen alles uniform te maken. Iedereen hetzelfde. We zijn als bloemen op de aarde. Het zou zo saai en eentonig zijn als we naar buiten gingen en alleen maar madeliefjes zouden zien, zwart-witte madeliefjes. Verschillende mensen, verschillende ideeën en verschillende overtuigingen maken het leven zoveel boeiender.

Cecilia Mitchell (Mohawk), 1993[107]

Er hoeven geen problemen te bestaan.
Behandel alle mensen gelijk.
Geef hun allemaal dezelfde wet.
Geef hun allemaal evenveel kans
om te leven en te groeien.
Alle mensen werden geschapen
door dezelfde grote Oppergeest.
Zij zijn allen broeders.
De aarde is de moeder van alle mensen
en alle mensen die daarop leven
zouden dezelfde rechten moeten hebben.

Chief Joseph (Nez Perce), 1879[108]

Noten

1. The Dine; Origin Myths of the Navajo Indians, Aileen O'Bryan, *Bureau of American Ethnology Bulletin 163* (1956)
2. *Black Elk speaks,* John G. Neihardt. Herdrukt met toestemming van de Univ.of Nebraska Press. Copyright © 1932, 1959, 1972, idem. Copyright © John G. Neihardt Trust
3 en 4. Copyright © 1990 Harvey Arden en Steve Wall, *Wisdomkeepers,* Beyond Words Publishing, Inc. Hillsboro, OR.
5. Night Chant, A Navajo Ceremony, in het Engels vertaald door Washington Matthews, *American Museum of Natural History Memoirs 6* (New York, 1902) en *Memoirs of the American Folklore Society 5* (Boston, Houghton & Mifflin, 1897)
6. *Indian Heritage, Indian Pride, 55,* Jimalee Burton (Norman, Univ. of Oklahoma Press, 1974). Met toestemming herdrukt.
7. *Indian Roots of American Democracy,* onder redactie van José Barriero (Ithaca, N.Y., Akwe: kon Press, 1992)
8. An Indian's View of Indian Affairs, Chief Joseph, *North American Review 127,* (april 1879)
9. *Wisdom's Daughters: Conversations with Women Elders of Native America,* Steve Wall. Copyright © 1993, Steve Wall. Herdrukt met toestemming van Harper Collins Publishers, Inc.
10. Uitgesproken in 1609 en opgetekend door John Smith, *Lives of Celebrated American Indians,* Samuel Griswold Goodrich (Boston, Bradbury, Sooden, 1843)
11. *Lahontan's New Voyages to North America,* Rueben Gold Thwaites (Chicago, 1905)
12. *New Relations of Gaspeia, with the Customs and Religion of the Gaspeian Indians,* Father Christian LeClercq, in het Engels vertaald door William F. Ganong (Toronto, Champlain Society, 1910)
13. Mu'ndu Wi'Go: Mohegan Poems, Joseph Bruchac, *Blue Cloud Quarterly* (1978), vertaald in het Engels uit A Mohegan Pequot Diary, opgenomen door Frans Speck, *Bureau of American Ethnology Bulletin 43* (1925)
14. *The Law of Great Peace* (White Roots of Peace, zonder datum)
15. Zuni Origin Myths, Ruth L. Bunzel, *Bureau of American Ethnology Bulletin 47* (1929-1930)

16. Handbook of the Indians of California, Theodore Kroeber, *Bureau of American Ethnology Bulletin 79* (1925)
17. *The Sacred Ways of Knowledge, Sources of Life 49,* Peggy Beck, Anna Lee Walters, en Nia Francisco (Tsaile, AZ: Navajo Community College Press, 1992) . Met toestemming
18. Overgenomen uit *Land of the Spotted Eagle,* Luther Standing Bear, met toestemming van de Univ. of Nebraska Press. Copyright © 1933 Luther Standing Bear. Vernieuwd copyright © 1960 May Jones
19. *Teachings from the American Earth,* Barbara en Dennis Tedlock (New York, Liveright Publishing, 1975). Copyright © 1975 Barbara en Dennis Tedlock
20. *The Good Message of Handsome Lake,* Joseph Bruchac (Greensboro, NC: Unicorn Press, 1979), uit The Gai'wio (The Good Message)
21. Chippewa Customs, Frances Densmore, *Bureau of American Ethnology Bulletin 86* (1929)
22. The Winnebago Tribe, Paul Radin, *Bureau of American Ethnology Bulletin 37* (1923)
23. Uittreksel uit *Plenty Coups, Chief of the Crows*, Frank B. Linderman. Copyright © 1930 Frank B. Linderman. Vernieuwd copyright © 1957 Norma Linderman Waller, Verne Linderman en Wilda Linderman. Herdrukt met toestemming van Harper Collins Publishers, Inc.
24. *Wisdomkeepers.* Copyright © 1990 Harvey Arden en Steve Wall. Beyond Words Publishing, Inc., Hillsboro, OR
25. *Civilisation,* Thomas Wildcat Alford, verteld door Florence Drake (Norman: Univ. of Oklahoma Press, 1936)
26. Toespraak tijdens de United Nations Conference in Genève, Zwitserland, september 1977; *Akwesasne Notes 11* (december 1977)
27. *Women of the Native Struggle,* Ronnie Farley. Copyright © 1993 Ronnie Farley. Herdrukt met toestemming van Crown Publishers, Inc.
28. The Social Organisation of the Western Apache, Grenville Goodwin, *University of Chicago Publications in Anthropology, Ethnology Series 258* (Chicago, Univ. of Chicago Press 1942)
29. Ethnology of the Kwakiutl, Franz Boas, *Bureau of American Ethnology Bulletin 35* (1921)
30. Uittreksel uit *Respect for Life,* onder redactie van Sylvester M. Morey en Olivia Gilliam, 1974. Copyright © 1974 The Myrin Institute, New York
31. *History of the Ojibway Indians,* Chief Kahkewaquonaby/Peter Jones (Londen, 1861)

32. An Indian Chief, Frances Garrecht, *Washington Historical Quarterly 19* (juli 1928)
33. Gedrukt met toestemming van *Cante ohitika Win (Brave-hearted Women): Images of Lakota Women from the Pine Ridge Reservation, South Dakota,* Carolyn Reyer, verkregen via de Univ. of South Dakota Press, Vermillion, SD
34. Chippewa Customs, Densmore
35. Navajo Legends, in het Engels vertaald door Washington Matthews, *Memoirs of the American Folk Lore Society 5* (Boston, Houghton & Mifflin, 1897)
36. *Women of the Native Struggle*, Ronnie Farley. Copyright © 1993 Ronnie Farley. Herdrukt met toestemming van Crown Publishers, Inc.
37. An Indian Soliloquy, B.W. Aginsky, *American Journal of Sociology 46* (1944)
38. *Night Flying Women: An Ojibway Narrative, 8,* Ignatia Broker (St. Paul, Minnesota Historical Society Press, 1983). Met toestemming herdrukt
39. *The Good Message of Handsome Lake,* Bruchac
40. *Canadian Portraits: Brant, Crowfoot, Oronhyatkha, Famous Indians,* Ethel Brant Monture (Toronto: Irwin, 1960)
41. Uittreksel uit *Two Leggings: The Making of a Crow Warrior,* Peter Nabokov. Copyright © 1967 Peter Nabokov. Herdrukt met toestemming van HarperCollins Publishers, Inc.
42. Teton Sioux Music, Frances Densmore, *Bureau of American Ethnology Bulletin 61* (1918)
43. Teton Sioux Music, Frances Densmore
44. *Wisdom's Daughters,* Steve Wall. Copyright © 1993 Steve Wall. Herdrukt met toestemming van HarperCollins Publishers, Inc.
45. The Omaha Tribe, Alice C. Fletcher en Francis LaFlesche, *Bureau of American Ethnology 27th Annual Report* (1905-1906)
46. Uittreksel uit *Respect for Life*, onder redactie van Sylvester M. Morey en Olivia L. Gilliam, 1974. Copyright © 1974 The Myrin Institute, New York
47. Teton Sioux Music, Densmore
48. *God is red,* Vine Deloria, Jr., Copyright ©1992; Fulcrum Publishing, 350 St., 350, Golden,CO 80401; 800-992-2908
49. Chippewa Music, Densmore
50. Wintu Songs, vertaald in het Engels door D.Demetracopoulou, *Anthropos 30* (1935) 487

51. *League of the Ho-de-no-sau-nee, or Iroquois,* Lewis Henry Morgan (Rochester, 1851)
52. Nootka and Quileute Music, Frances Densmore, *Bureau of American Ethnology Bulletin 124* (1939)
53. Teton Sioux Music, Densmore
54. *Wisdomkeepers*. Copyright ©1990 Harvey Arden en Steve Wall. Beyond Words Publishers, Inc., Hillsboro, OR
55. *Goodbird,the Indian* (1914; herdruk St. Paul: Minnesota Historical Society Press, 1985)
56. Herdruk van *Land of the Spotted Eagle,* Luther Standing Bear, met toestemming van de Univ. of Nebraska Press. Copyright © 1933 Luther Standing Bear. Vernieuwd copyright © 1960 May Jones
57. Look to the Montaintop, in *Essays on Reflection,* onder redactie van E. Graham Ward (Boston, Houghton-Mifflin, 1973). Herdrukt met toestemming van Alfonso Ortiz
58. The Hako: A Pawnee Ceremony, Alice C. Fletcher, *Bureau of American Ethnology 22nd Annual Report, pt. 2* (1904)
59. *Wisdom's Daughters,* Steve Wall. Copyright © 1993 Steve Wall. Herdrukt met toestemming van HarperCollins Publishers, Inc.
60. *The Washington Historical Society Quarterly 22, no 4* (Oktober 1931)
61. The Nez Perce Indians, Herbert J. Spinden, *American Anthropological Association Memoirs, vol. 2, pt. 3* (1908)
62. The Man Made of Words, in *Indian Voices* (Berkeley: Indian Historian Press, 1970) . Herdrukt met toestemming
63. *The Indians' Book: Songs and Legends of the American Indian,* onder redactie van Natalie Curtis (New York, 1907)
64. Herdruk van *Land of the Spotted Eagle,* Luther Standing Bear, met toestemming van de Univ. of Nebraska. Copyright ©1933, Luther Standing Bear. Vernieuwd copyright © 1960 May Jones
65. *The Gospel of the Red Man, 58-59,* Ernest Thompson Seton (New York: Doubleday , 1936)
66. *The Indian Council in the Valley of the Walla Walla,* Lawrence Kip (1855)
67. Teton Sioux Music, Densmore
68 en 69. *Women of the Native Struggle,* Farley. Copyright © 1993 Ronnie Farley. Herdrukt met toestemming van Crown Publishers, Inc.
70. Herdruk uit *Black Elk Speaks,* John G. Neihardt,met toestemming van de Univ. of Nebraska. Copyright © 1932, 1959, 1972. Copyright © 1961 John G. Neihardt Trust

71. *A Pima Rememberes,* George Webb. Copyright © 1959. Met toestemming van de Univ. of Arizona Press
72. Chippewa Customs, Densmore
73. *Women of the Native Struggle,* Farley. Copyright © 1993 Ronnie Farley. Herdrukt met toestemming van Crown Publishers, Inc.
74. *Wisdomkeepers.* Copyright © 1990 Harvey Arden en Steve Wall. Beyond Words Publishing, Inc.,Hillsboro, OR
75. *The Soul of the Indian, an Interpretation,* Ohiyesa dr. Charles A. Eastman (Boston, Mc.Clure, Phillips, 1902)
76. Copyright ® 1990, Harvey Arden en Steve Wall, Wisdom Keepers, Beyond Words Publishing Inc., Hillsboro OR.
77. *Fools Crow, 184,* Thomas E. Mails (New York Avon Books, 1979)
78. *Hopi Ethics,* Richard S. Brandt. Copyright © 1954 Richard S. Brandt. Herdrukt met toestemming van de Univ. of Chicago Press
79. *Wisdom's Daughters,* Steve Wall. Copyright © 1993 Steve Wall. Herdrukt met toestemming van HarperCollins Publishers, Inc.
80. *The Soul of the Indian,* Eastman
81. *Women of the Native Struggle,* Ronnie Farley. Copyright © 1993 Ronnie Farley. Herdrukt met toestemming van Crown Publishers, Inc.
82. *Life and Times of Sa-Go-Ye-Wat-Ha, or Red Jacket* (New York: Wiley & Putman, 1841). Voor het eerst vermeld door James D. Bennis, in 1811, daarna vele keren gepubliceerd
83. Festivals of the Hopi: Religion, the Inspiration, and Dancing, an Expression of Their National Ceremonies, *The Craftsmen 12* (1907)
84. Uittreksel uit *Seeking Life,* Sylvester Morey, 1970. Copyright © 1970 The Myrin Institute, New York
85. *Women of the Native Struggle,* Ronnie Farley. Copyright © 1970 Ronnie Farley. Herdrukt met toestemming van Crown Publishers, Inc.
86. Flora, Shaman of the Wintu, Peter M. Knudtson. Copyright © 1975 The American Museum of Natural History. Herdrukt met toestemming van *Museum Natural History, mei 1975*
87. *Wisdom's Daughters,* Steve Wall. Copyright © 1993 Steve Wall. Herdrukt met toestemming van HarperCollins Publishers, Inc.
88. *The Sacred Pipe: Black Elk's Account of the Seven Rites of the Oglala Sioux 115,* red. Joseph Epes Brown (Norman: Univ. of Oklahoma Press, 1953). Herdrukt met toestemming
89. *Wisdom's Daughters,* Steve Wall. Copyright © 1993 Steve Wall. Herdrukt met toestemming van HarperCollins Publishers, Inc.

90. *Black Elk Speaks,* John G. Neihardt. Copyright © 1932, 1959, 1972 John G. Neihardt. Copyright © 1961 John G. Neihardt Trust. Herdrukt met toestemming van de Univ. of Nebraska Press
91. Navajo Legends, Matthews
92. *The Way we lived: California Indian Stories. Songs and Reminiscenses, 87.* Onder red. van Malcolm Margolin, herziene editie (Berkeley: Heyday Books 1993). Gebruikt met toestemming
93. *Wisdomkeepers.* Copyright © 1990 Harvey Arden en Steve Wall, Beyond Words Publishing, Inc. Hillsboro, OR.
94. Teton Sioux Music, Densmore
95. *Raven tells Stories,* onder red. van Joseph Bruchac (Greenfield Centre, N.Y.: Greenfield Review Press, 1991) Gebruikt met toestemming
96. *The Soul of the Indian,* Eastman
97. Ethnology of the Fox Indians, William Jones. *Bureau of American Ethnology Bulletin 125* (1939)
98. The Osage Tribe, Rite of Vigil. *39th Annual Report of the Bureau of American Ethnology* (1925)
99. Uittreksel uit *Indian Roots of American Democracy,* onder red. van José Barriero (Ithaca, N.Y. Akwe: kon. Press, 1992)
100. *Handbook of the Indians of California.* Arthur Kroeber (Washington, DC: U.S. Government Printing Office, 1925)
101. Copyright © 1972 John Fire-Lame Deer en Richard Erdoes. Herdrukt met toestemming van Simon & Schuster, Inc.
102. *Wisdom's Daughters,* Steve Wall. Copyright © 1993 Steve Wall. Herdrukt met toestemming van HarperCollins, Inc.
103. *God is Red,* Vine Deloria, Jr. Copyright © 1992; Fulcrum Publishing, 350 Indiana St., 350, Golden, CO 80401; 800-992-2908
104. *Navajo Code Talkers,* Doris A. Paul, Dorrance Publishing Co., Inc., Pittsburgh, 1973
105. *Akwesasne Notes, 7-8.* (december 1977). Toespraak tijdens een United Nations Conference in Genève, Zwitserland, september 1977
106. *Handbook of the Indians of California,* Arthur Kroeber (Washington, D.C.: U.S. Government Printing Office, 1925)
107. *Wisdom's Daughters,* Steve Wall. Copyright © 1993 Steve Wall. Herdrukt met toestemming van HarperCollins Publishers, Inc.
108. An Indian's View of Indian Affairs, Chief Joseph, *North American Review 127* (april 1897)

Bij Mirananda verschenen eveneens van Joseph Bruchac :

De zweethut van de indianen

De zweethut heeft bij de Indianen veel functies. Hij reinigt niet alleen het lichaam, maar zuivert en verheldert ook de geest. Het is een heilige plaats waar de Indianen hun verbinding met de kosmos vernieuwen.

Het boek bevat, behalve een kort historisch overzicht, een groot aantal legenden en verhalen, die ons meer inzicht brengen in een lang verwaarloosde cultuur.

ISBN 90 6271 873.6 140 bladzijden (met illustraties)

Indiaanse legenden

Legenden zijn een afspiegeling van zowel de spirituele cultuur als van de dagelijkse gang van zaken. Zij bezitten een leven en geest van zichzelf en beschikken over grote kracht.

De in deze bundel opgenomen verhalen illustreren het gevoel voor humor van de Indianen van Noord Amerika alsmede hun diepe respect voor het leven en de aarde.

ISBN 90 6271 886.8 184 bladzijden (met illustraties)

Nog meer Indianen-verhalen bij Mirananda:

Het medicijnwiel,

Aarde - astrologie door SUN BEAR & WABUN

De traditionele wijsheid van de Indianen brengt een bijzondere vorm van astrologie voort. Het jaar wordt - net als bij de meer bekende astrologie - verdeeld in twaalven, maar bij iedere tijdspanne hoort een plant, een mineraal en een paar dieren. Het boek bevat een enorme hoeveelheid fascinerende informatie over deze dieren, planten en mineralen.
Kenmerken, genezende werking en spirituele eigenschappen worden op originele wijze behandeld.

ISBN 90 6271 705.5 194 bladzijden (met illustraties)

Indiaanse medicijnwielen

door Roy I. Wilson

Oude rituelen voor een nieuwe tijd.

Dit prachtige boek werpt een verhelderend licht op de verbondenheid van de visioenen en praktijken van het christendom / jodendom en het medicijnwiel.
Door zijn grote bekendheid met beide culturen kan Roy Wilson niet alleen beide groepen tot leidsman dienen bij hun onderzoek naar banden tussen de verschillende geloofsovertuigingen.

ISBN 90 6271 859.0 156 bladzijden

Zelfhelende krachten

Het versterken en helen van het zelf, door H.Lechleitner, M.Kremer en W.Keller

Het activeren van zelfhelende krachten vormt in veel culturen een onderdeel van genezingsrituelen. In dit boek geven de auteurs voorbeelden van dit soort rituelen en ze beschrijven duidelijk hoe de diverse methoden werken, hoe ze het lichaam onspannen en het immuunsysteem versterken.
Methoden om de eigen helende krachten te ontwikkelen brengen lichaam en geest in harmonie en maken het mogelijk een evenwichtig leven te leiden.

ISBN 90 6271 890.6 132 bladzijden (met illustraties)

Wenst u meer informatie ? Vraag MIRANANDA om een catalogus.
(T 070-358 5943, F 358 6843, E info@mirananda.nl of I www.mirananda.nl)